Melany de Isabeau

BILDBAND * TIER FREUDSCHAFTEN

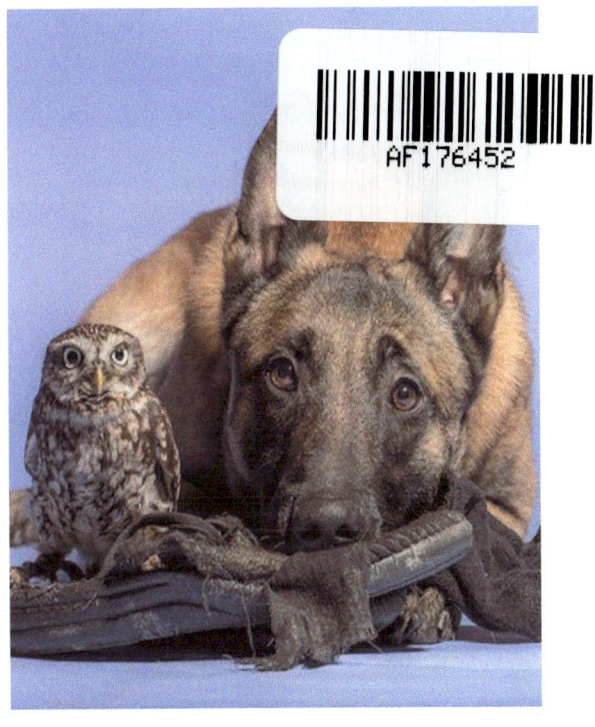

Die schönsten 104 Bilder einer Freundschaft

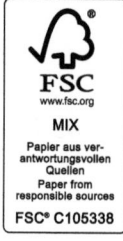

© 2022 Melany de Isabeau
Herstellung und Verlag:
BoD – Books on Demand,
Norderstedt
ISBN: 9783756851560

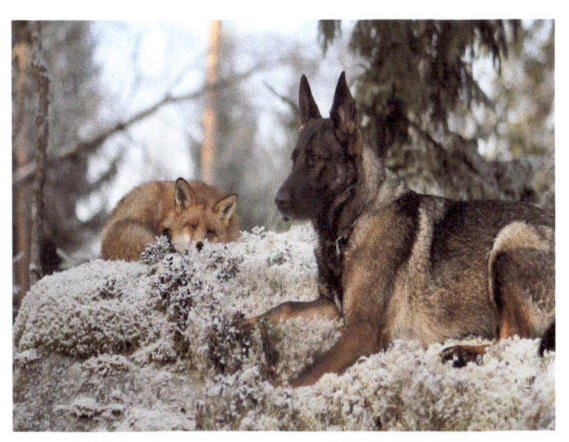

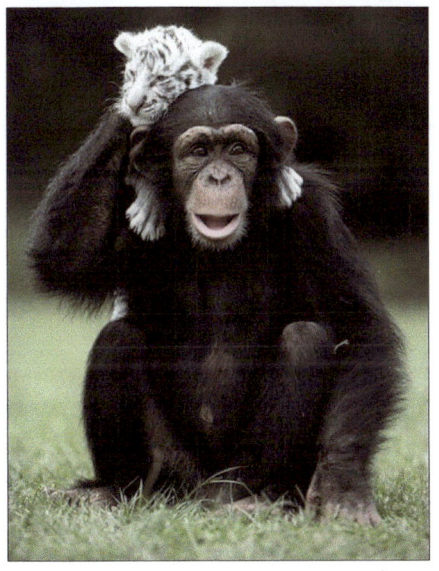

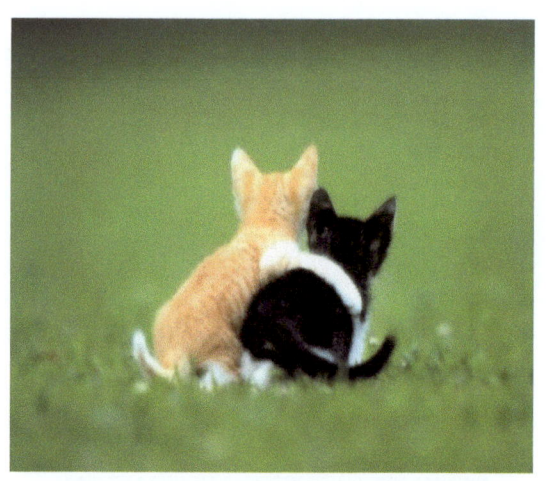

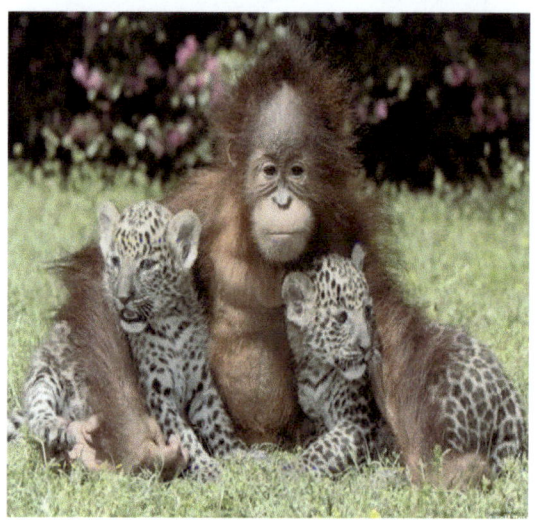

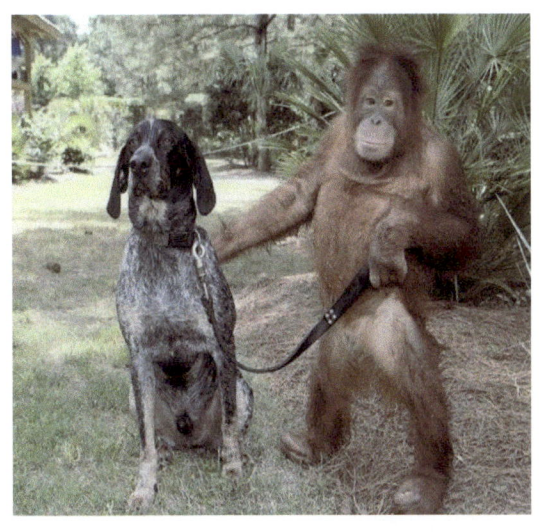

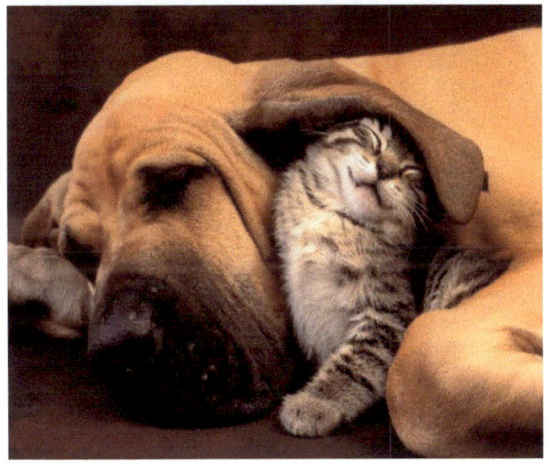

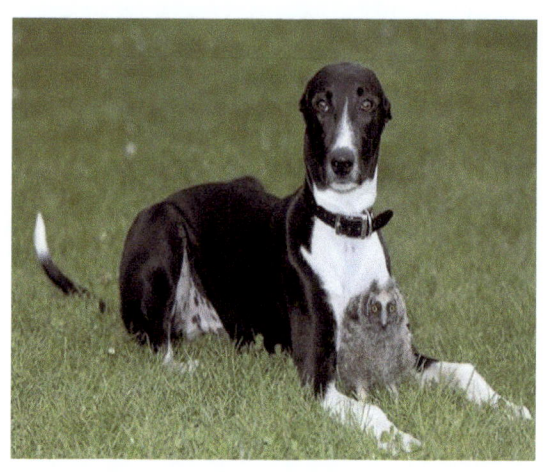

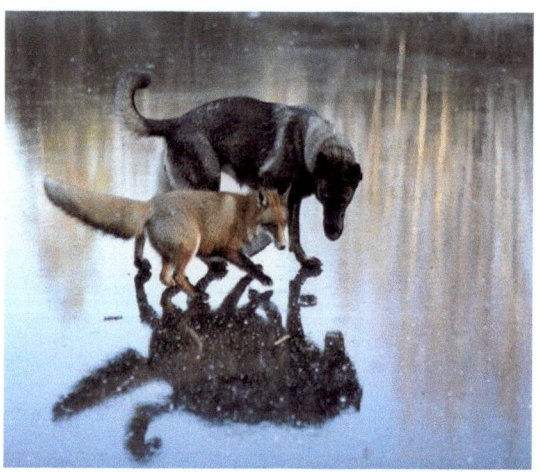

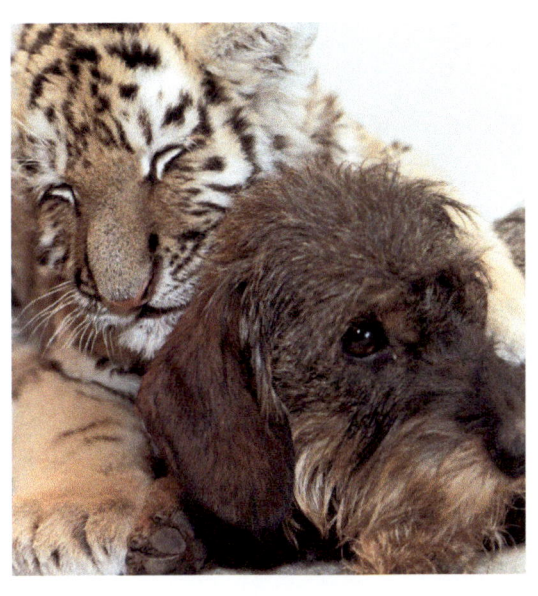

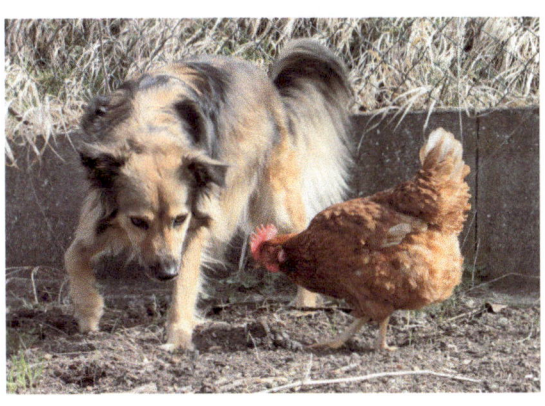

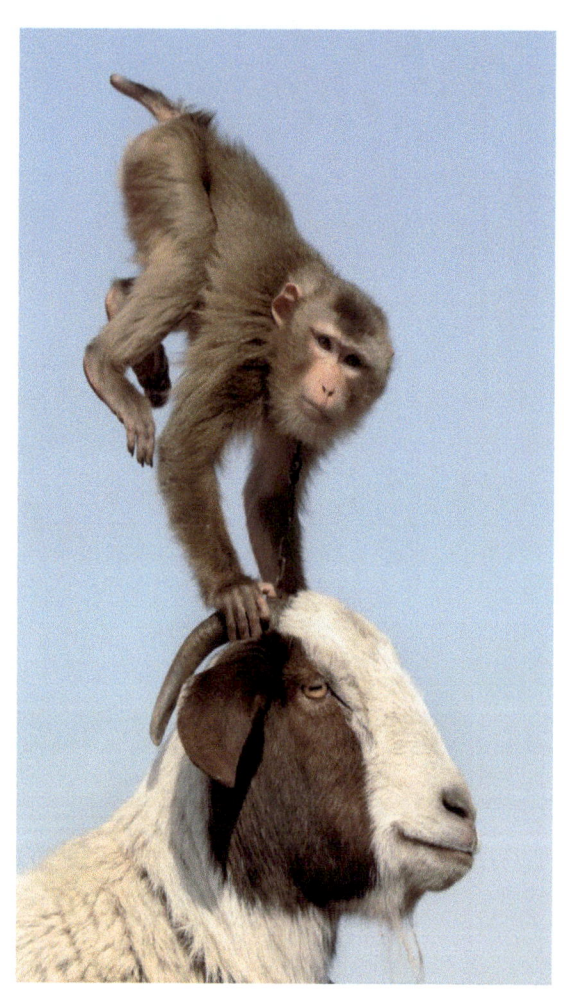

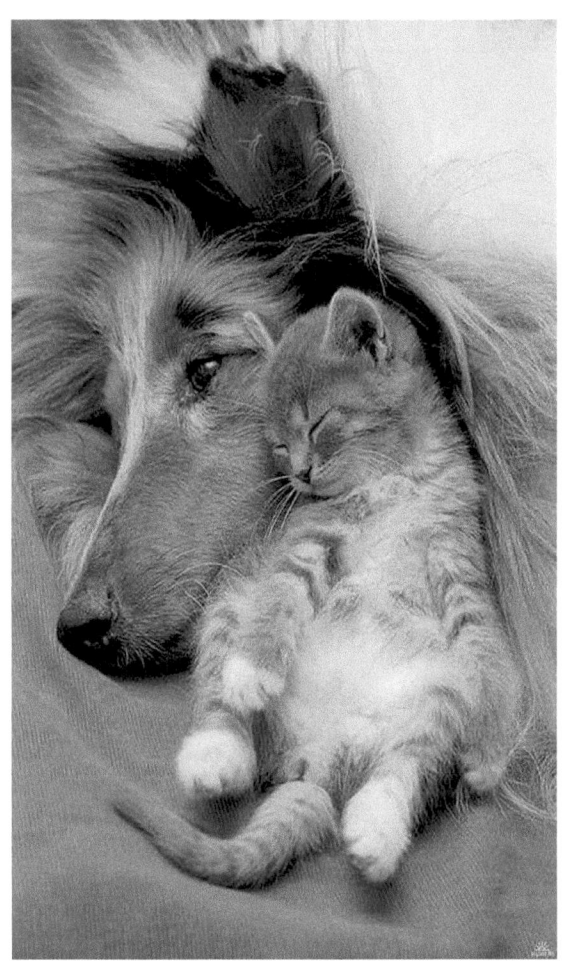

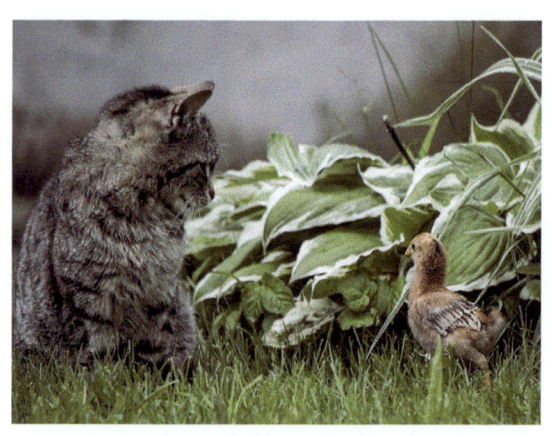

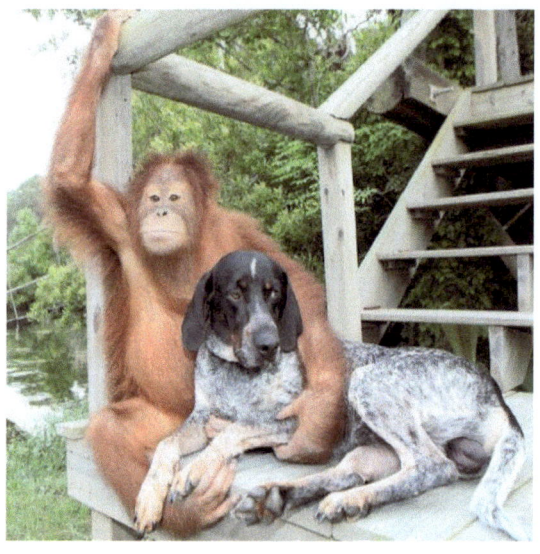

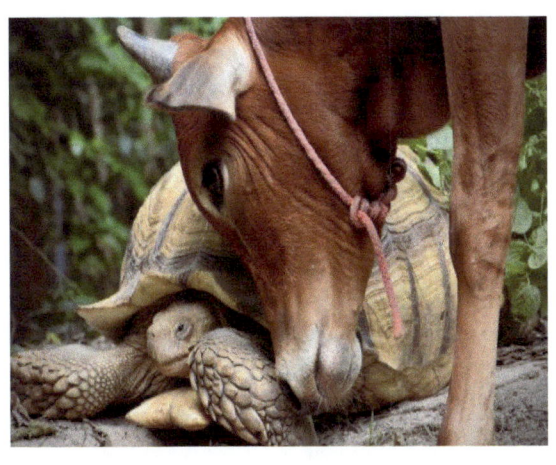

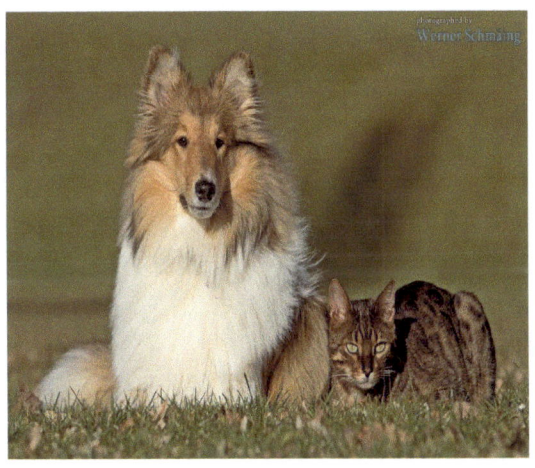

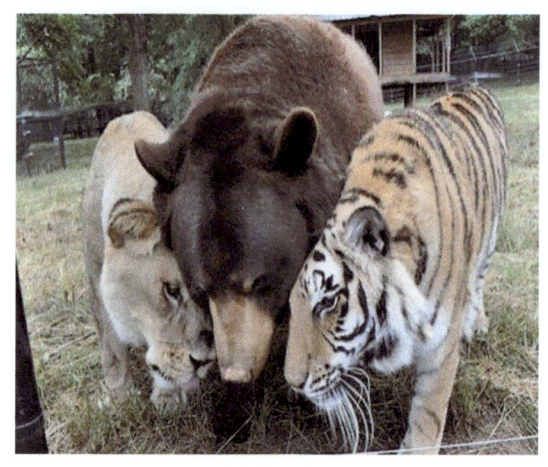

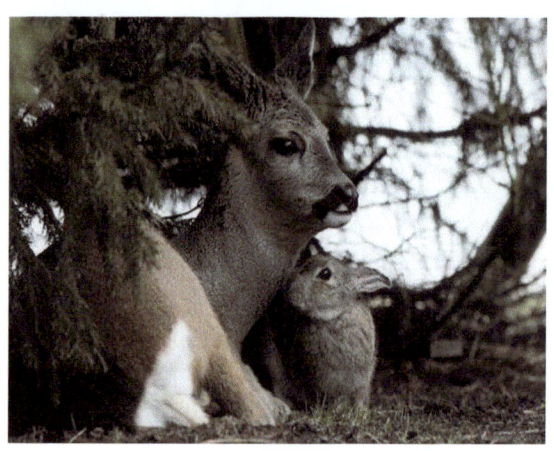

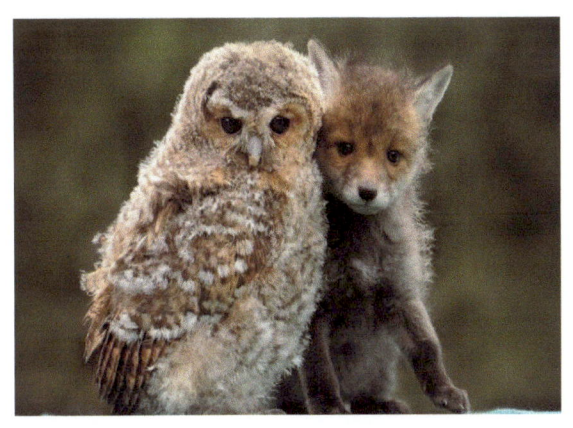

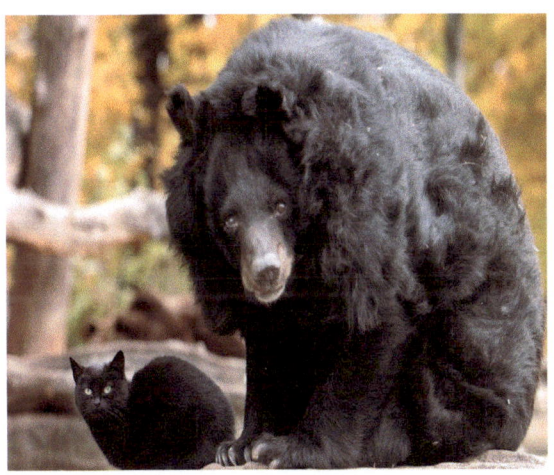

13

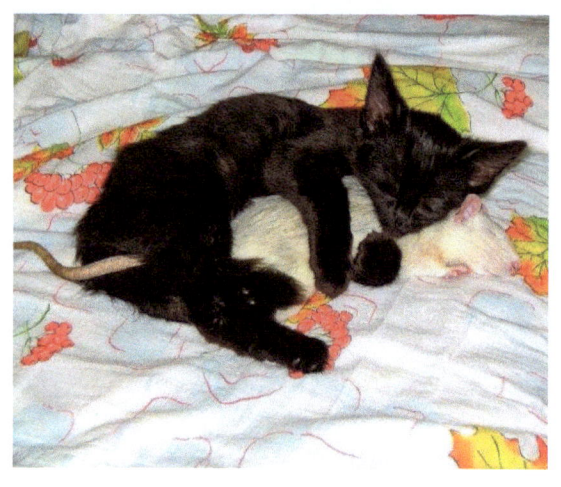

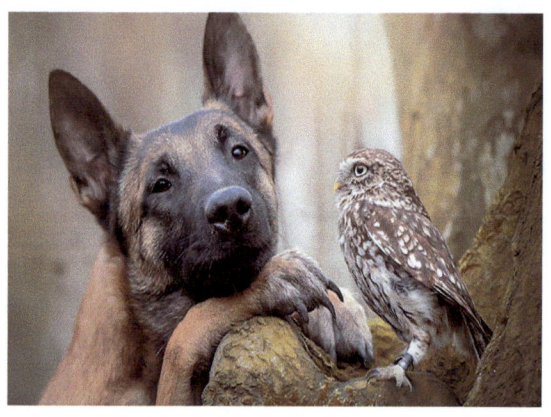

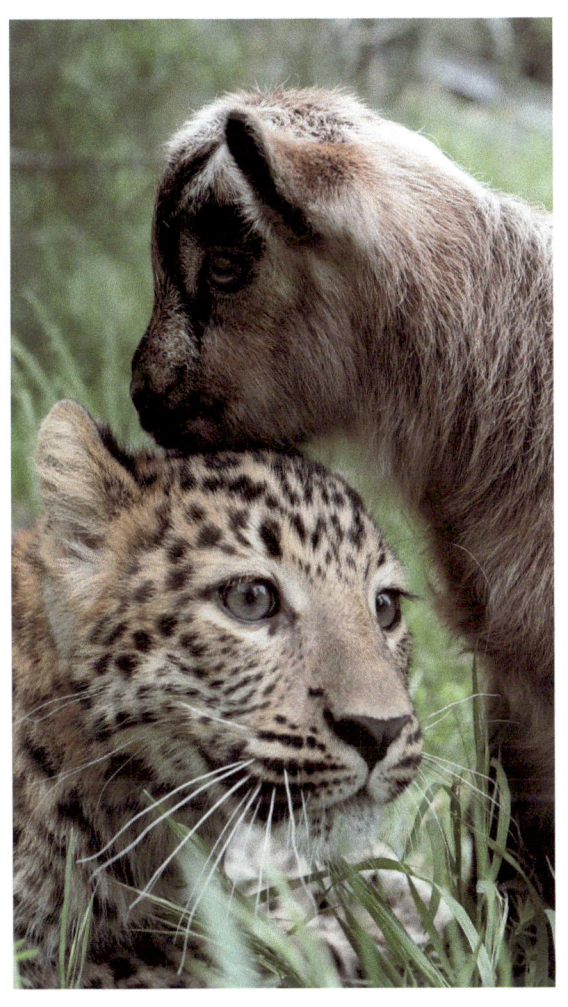

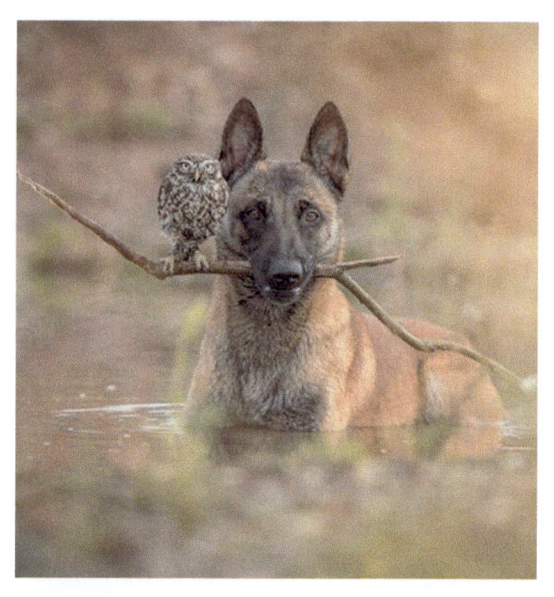

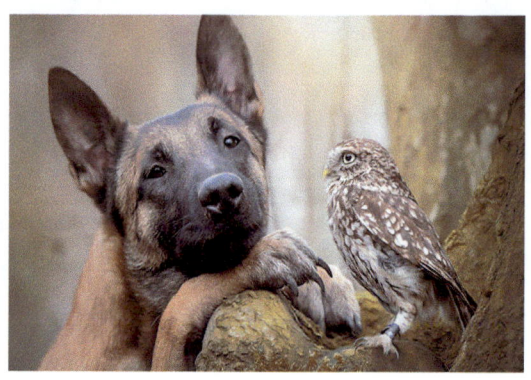

16

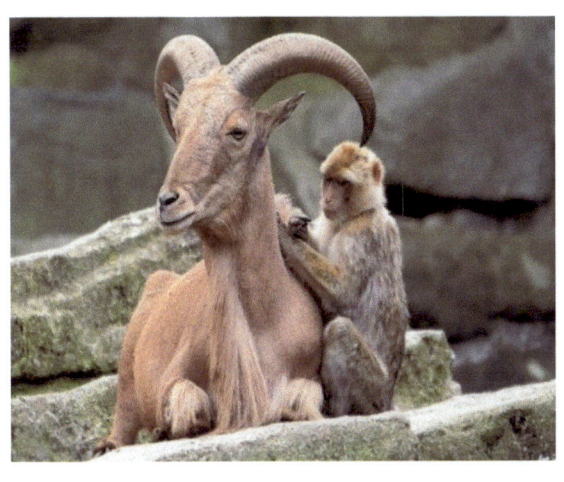

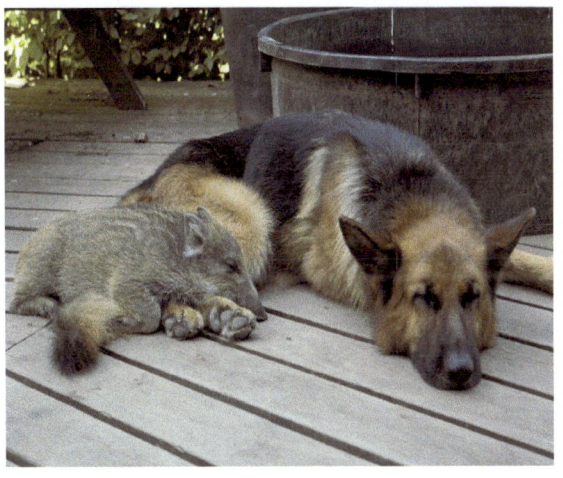

17

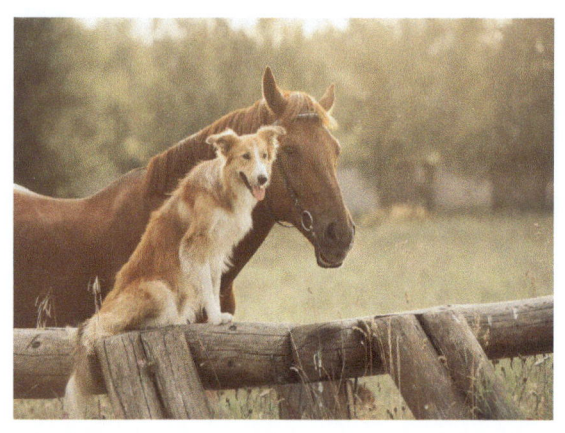

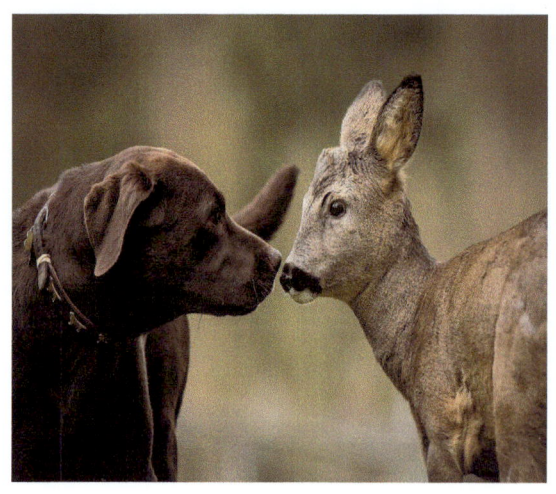

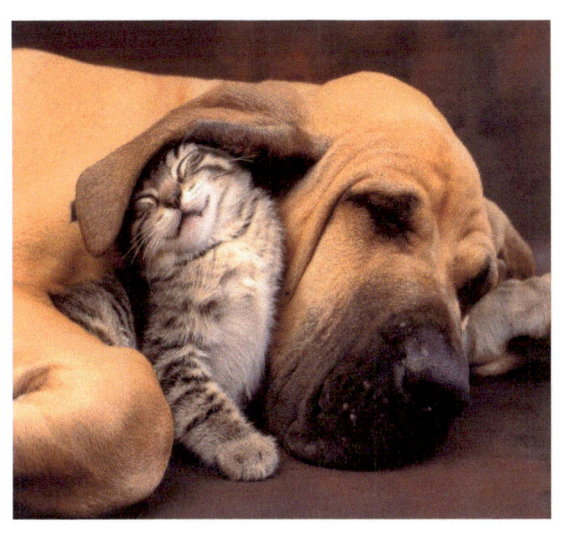

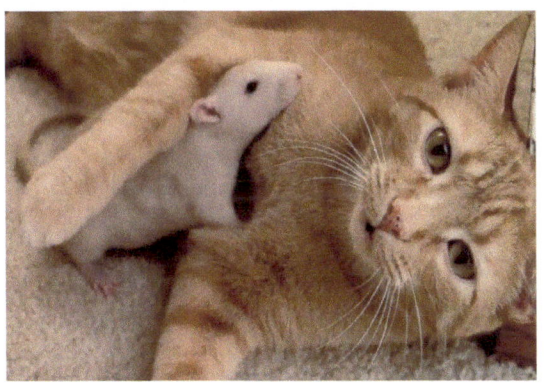

19

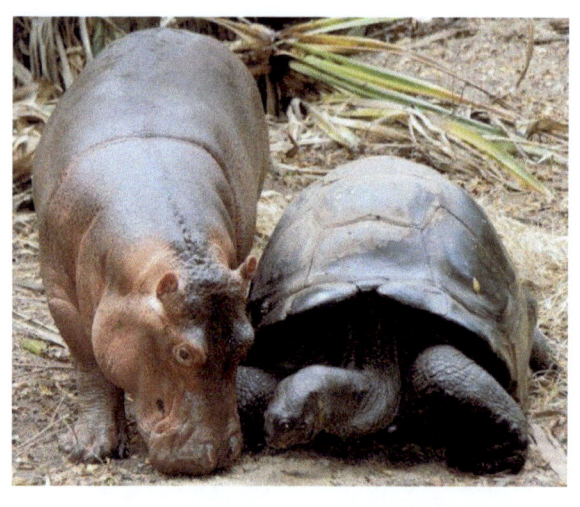

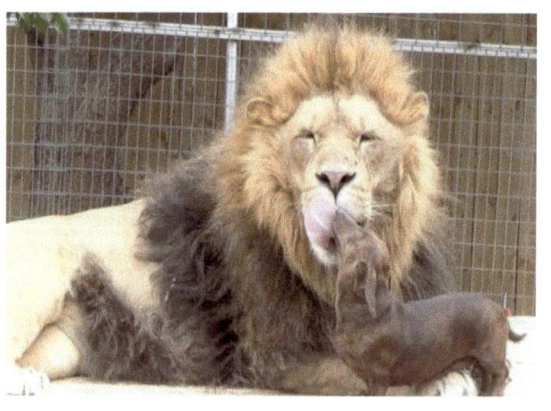

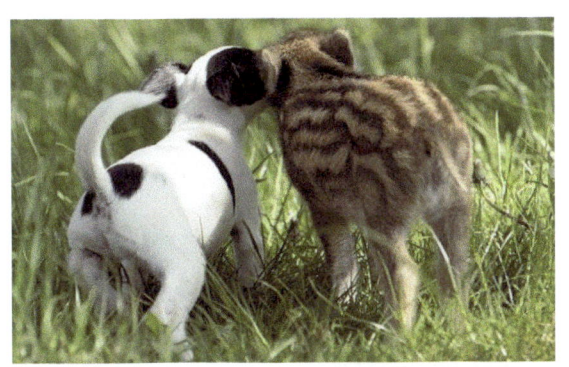

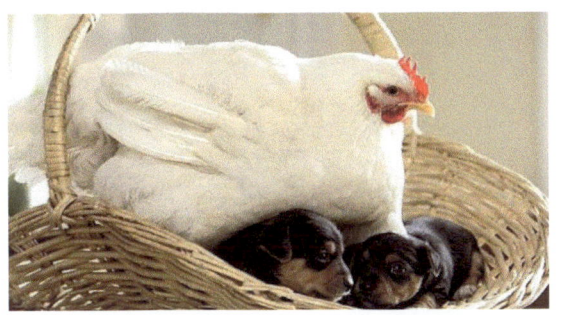

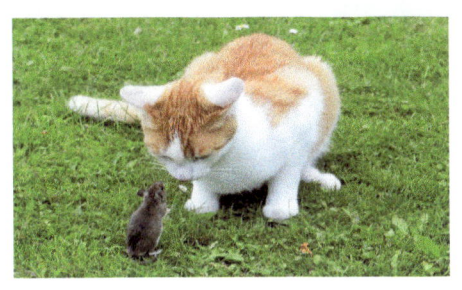

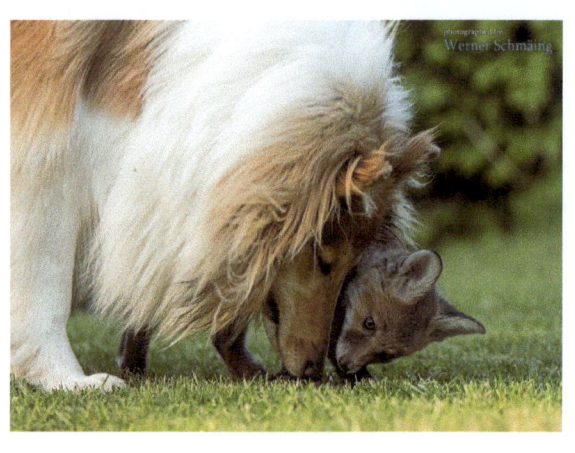

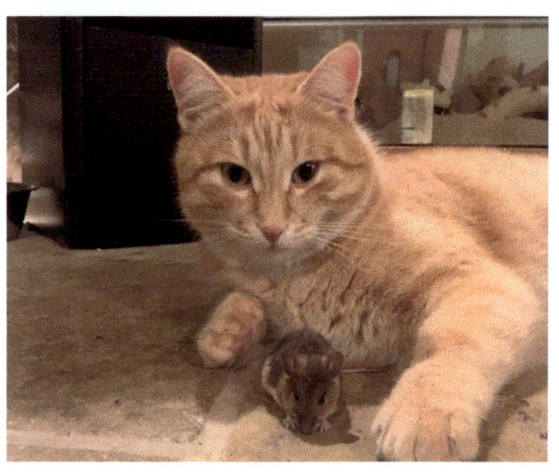

22

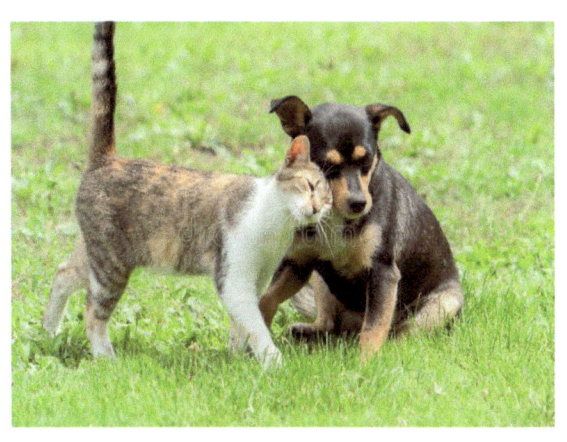

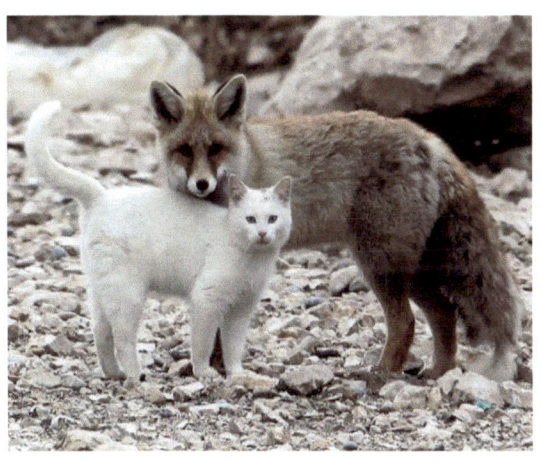

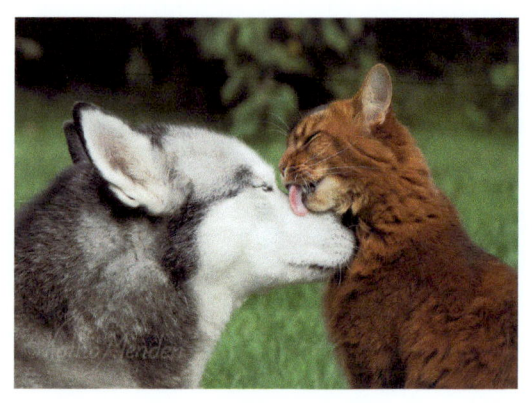

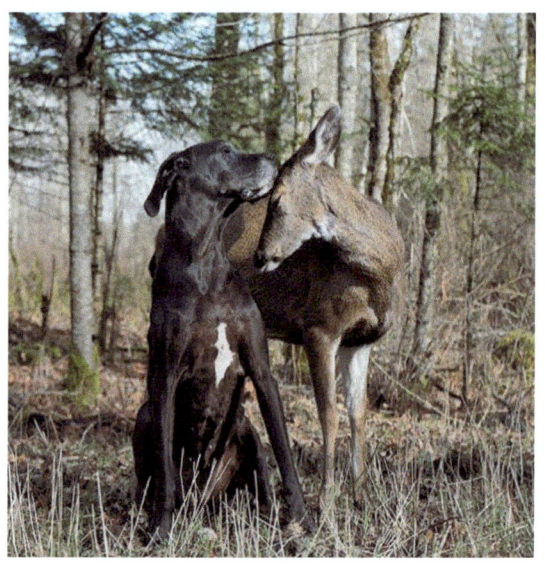

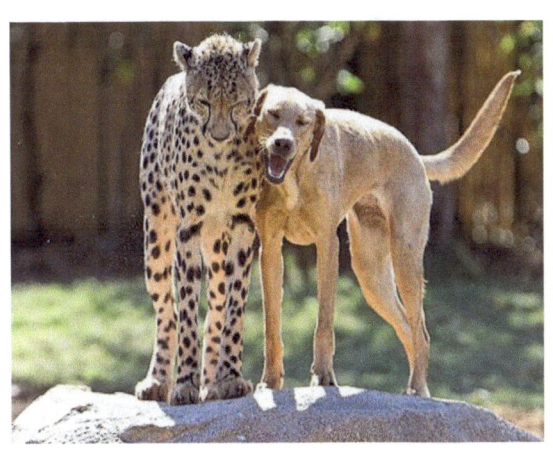

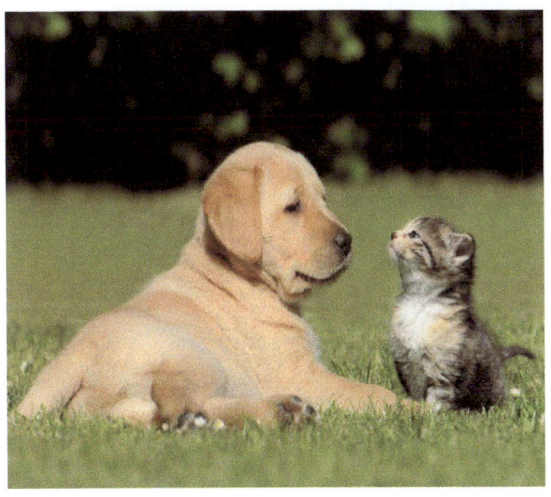

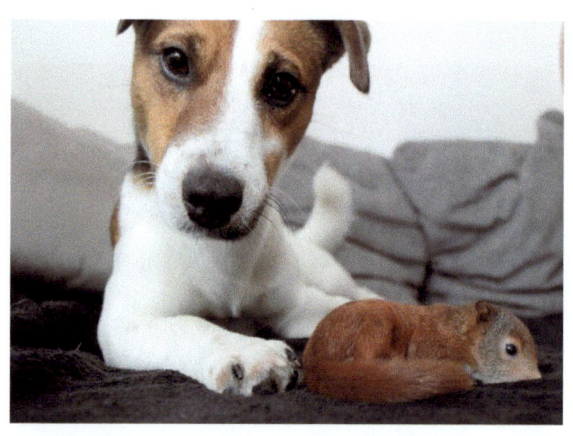

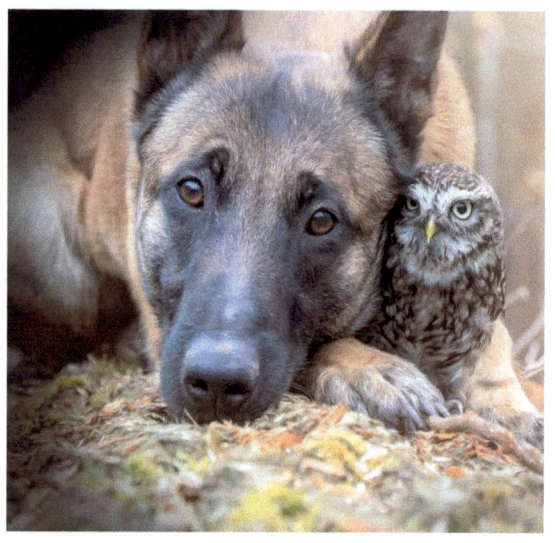

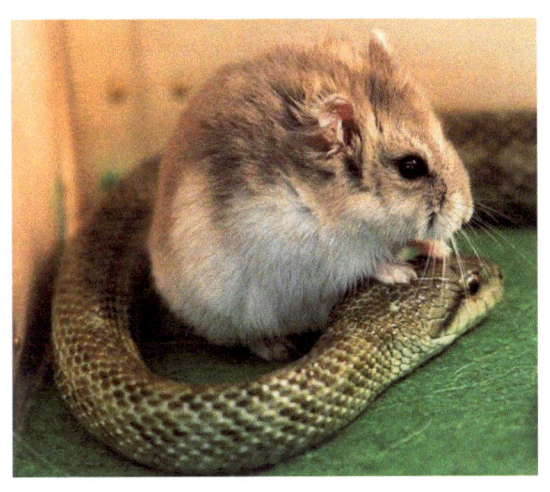

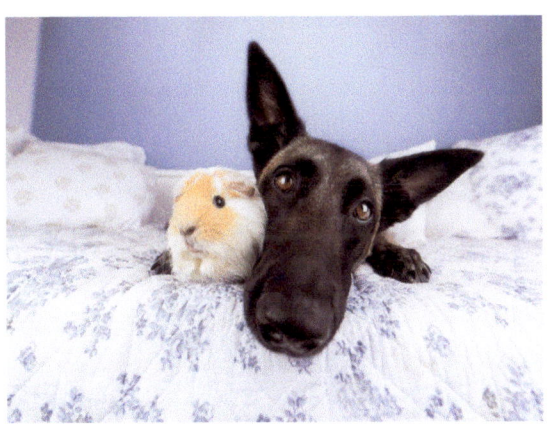

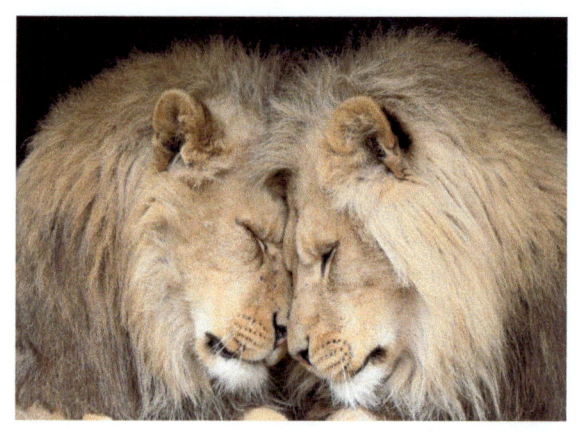

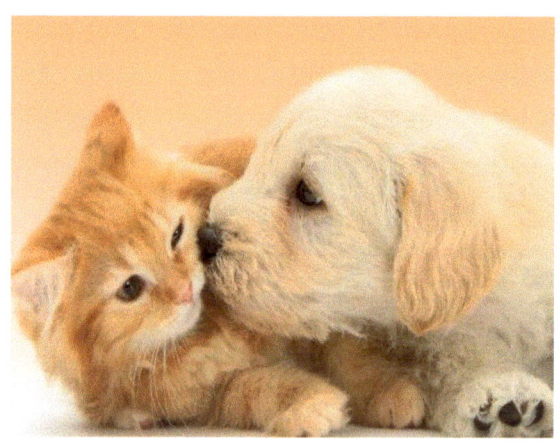

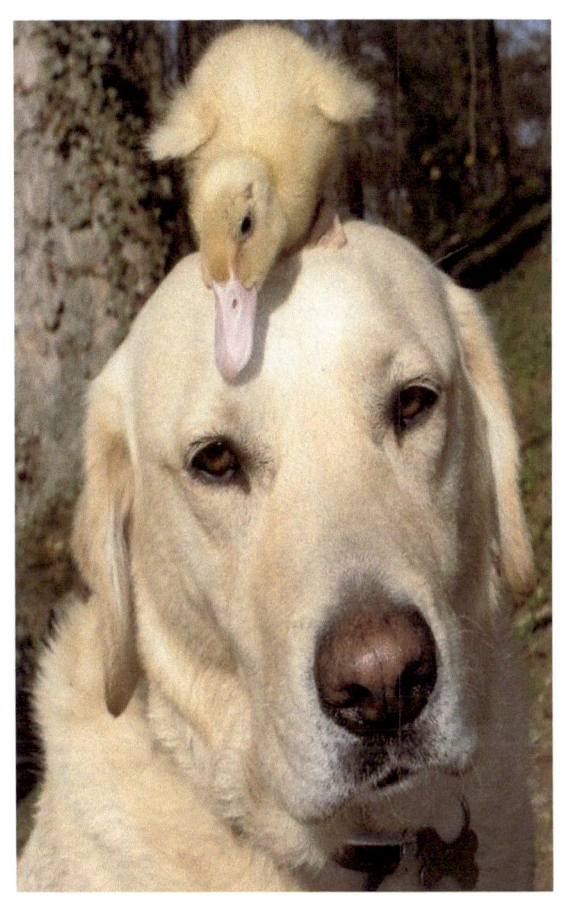

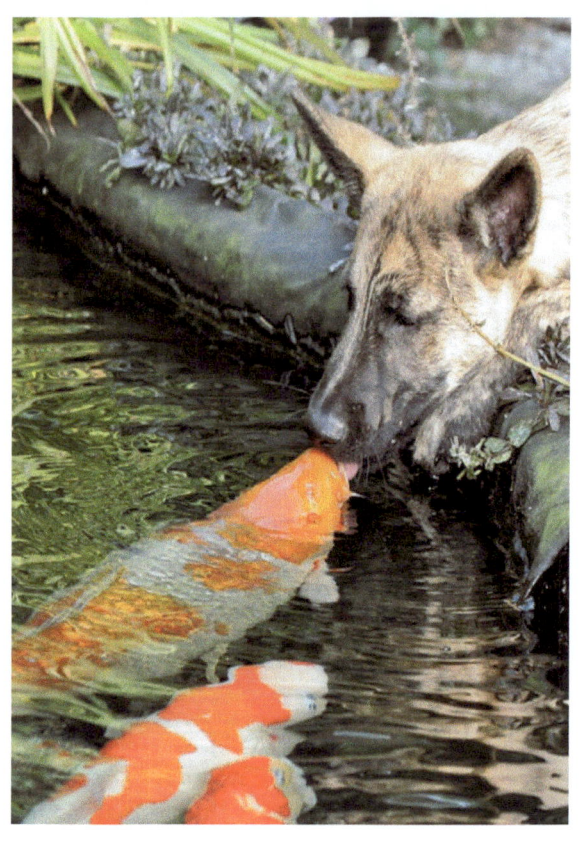

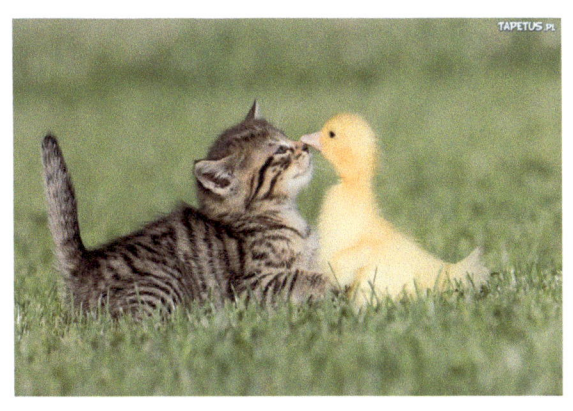

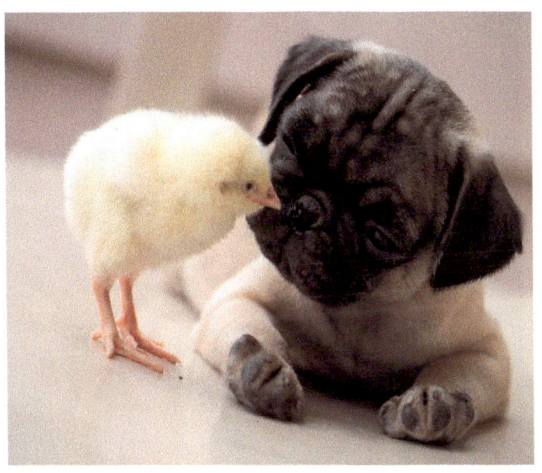

31

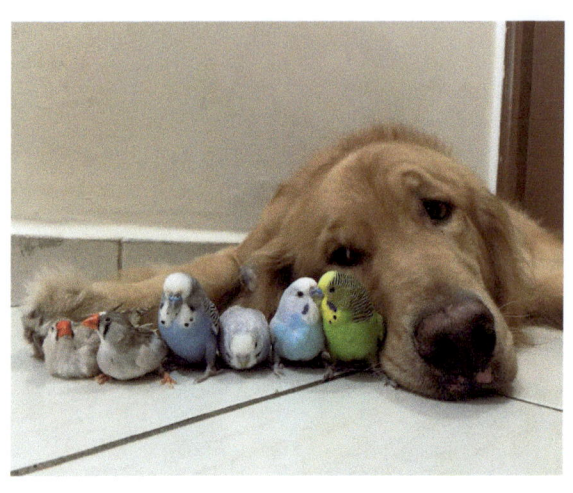

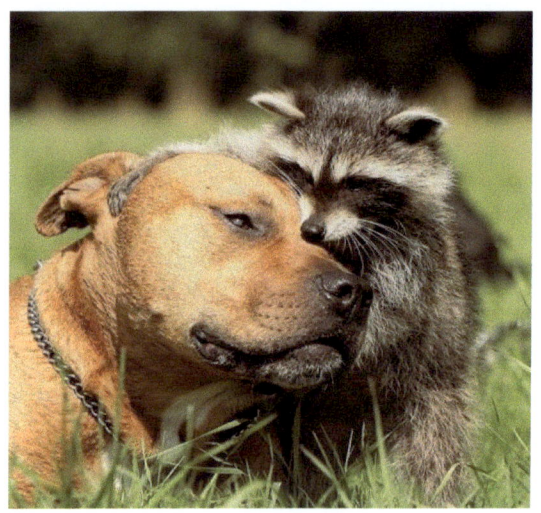

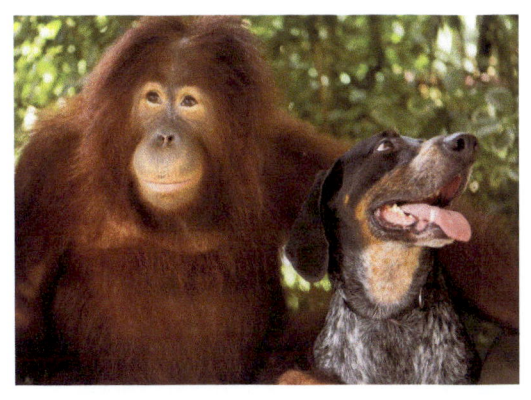

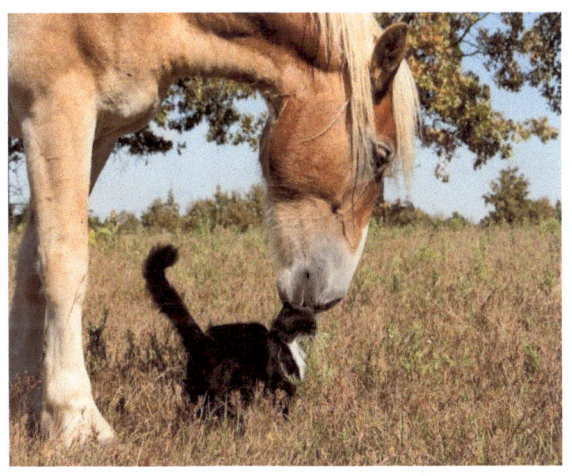

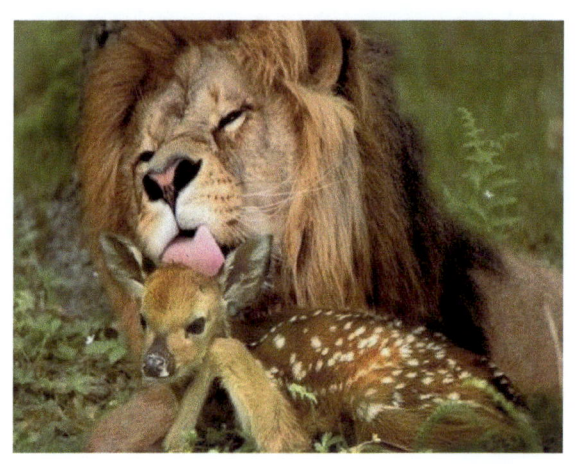

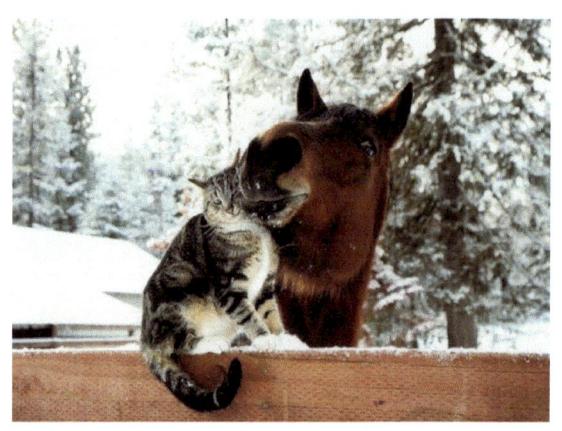

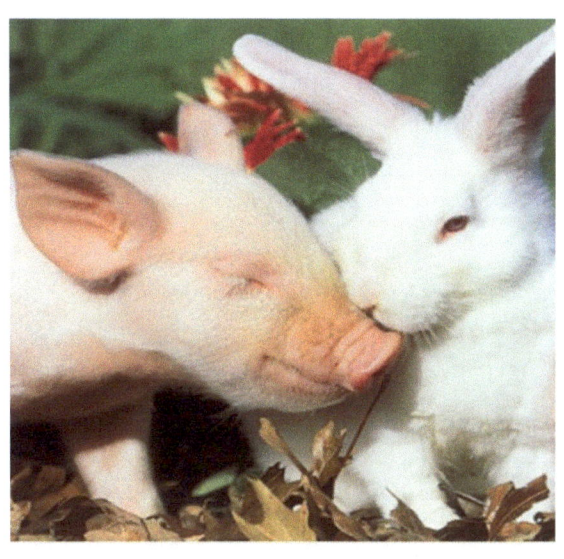

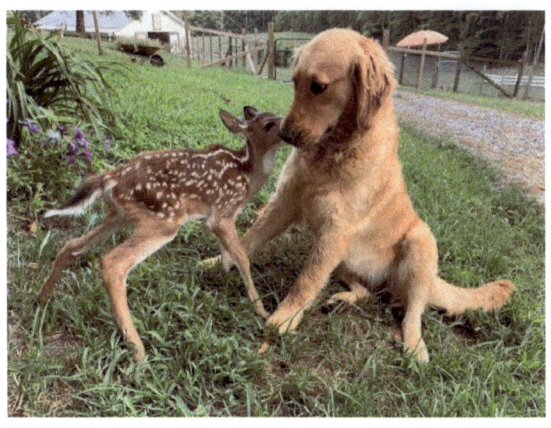

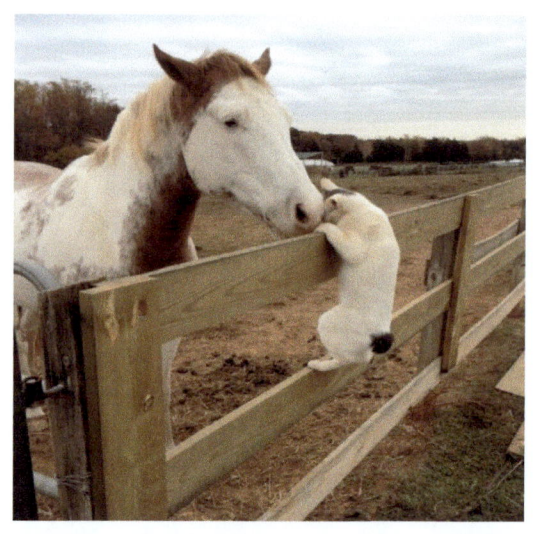

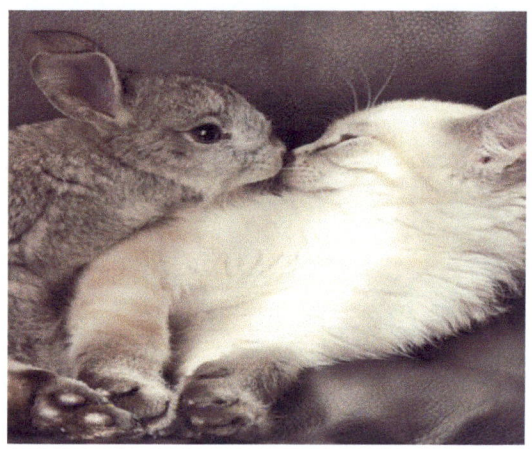

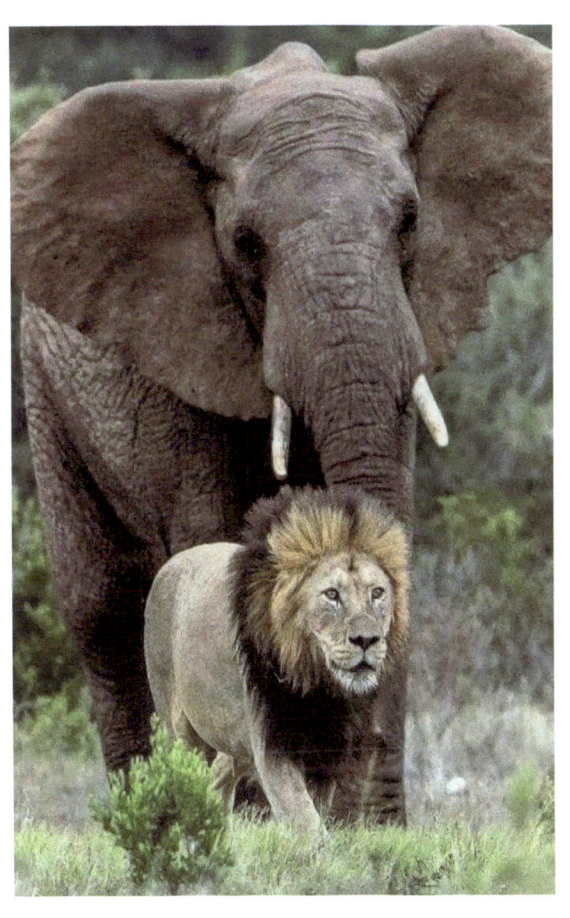

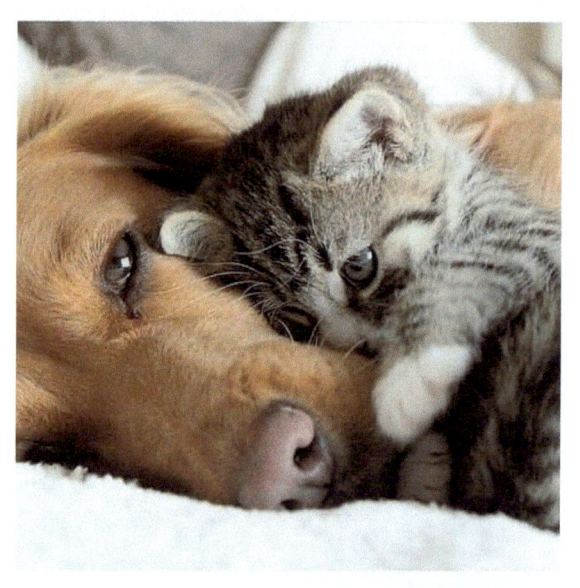

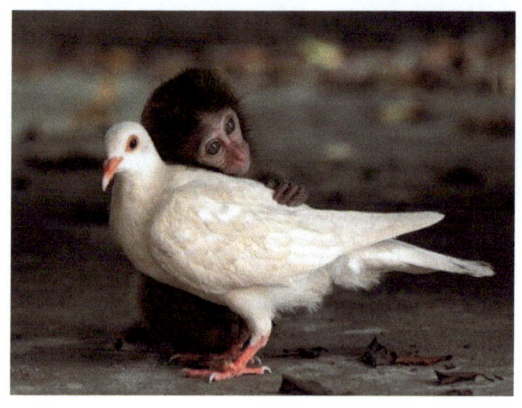

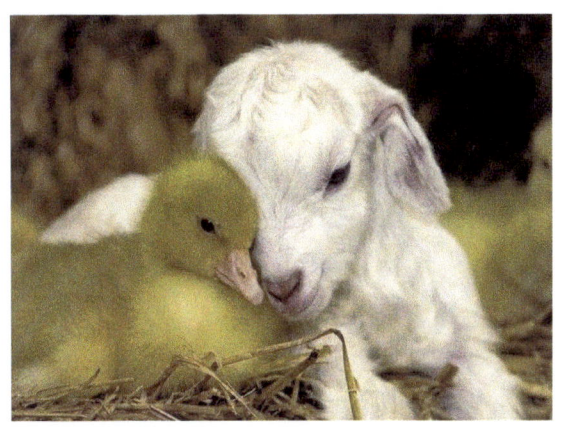

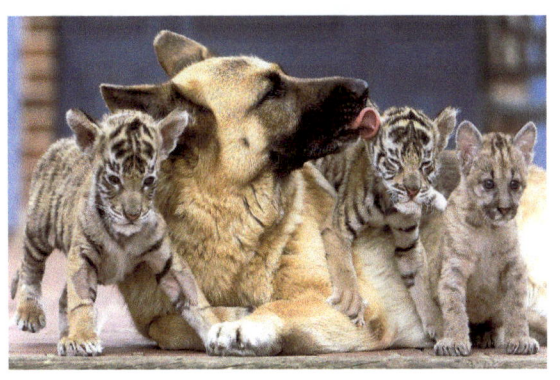

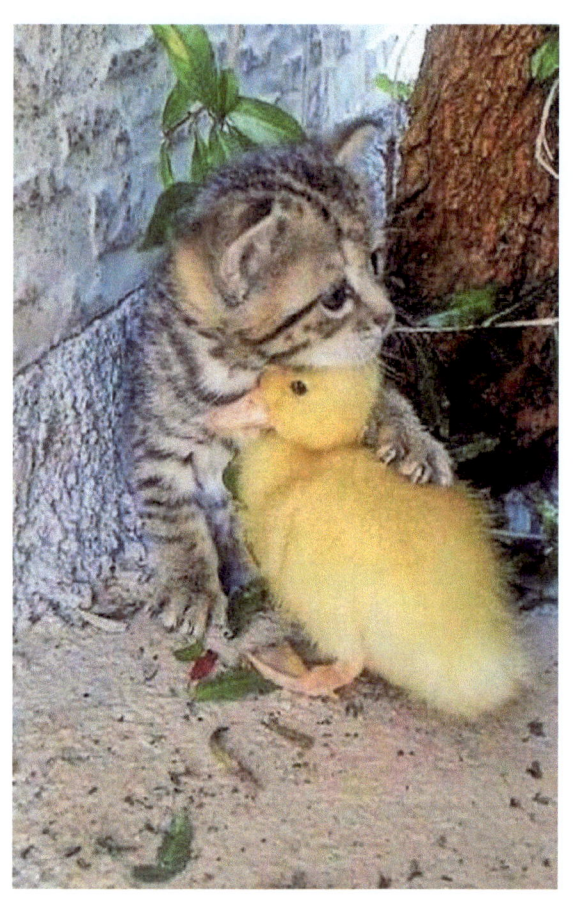

40

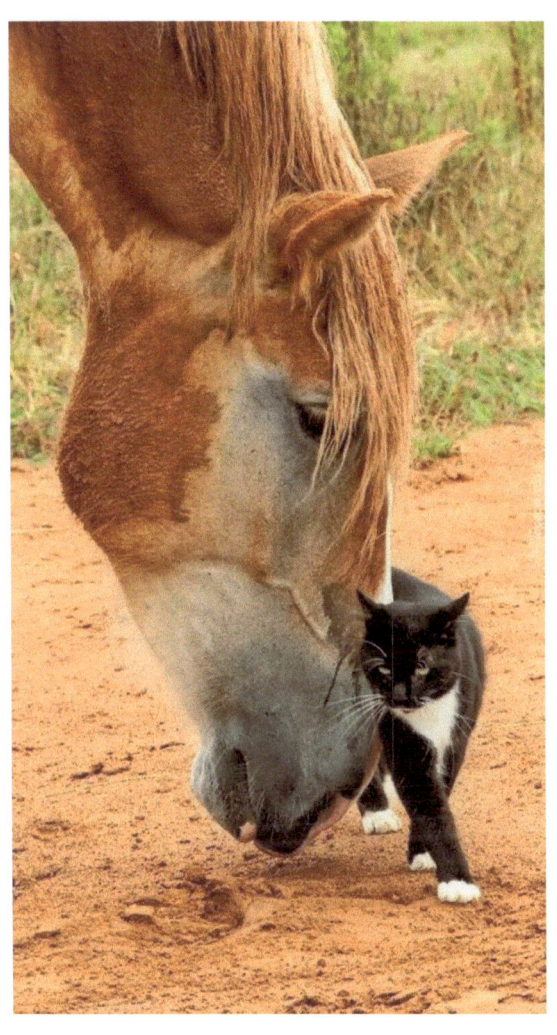

41

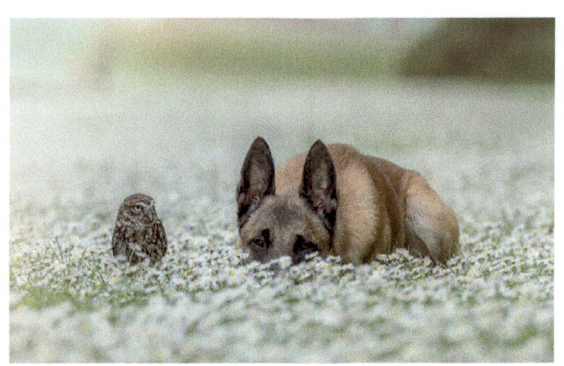

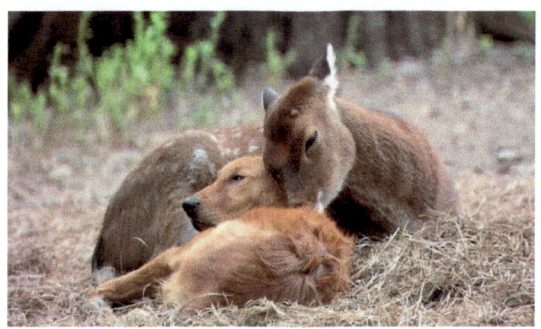

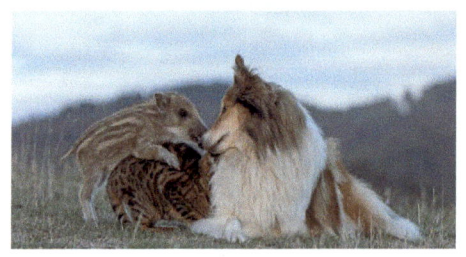

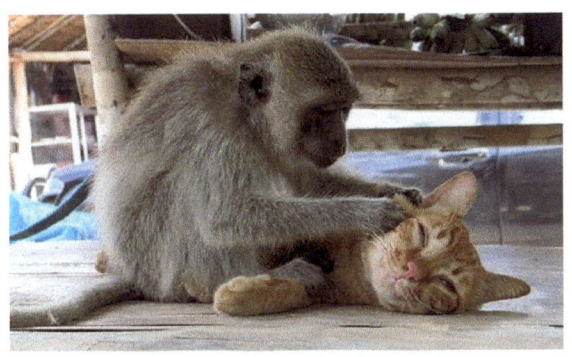

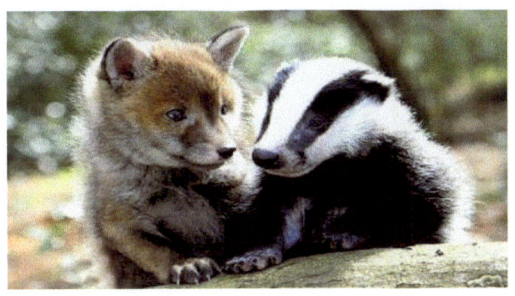

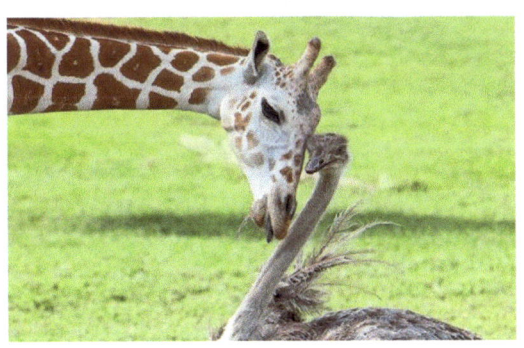

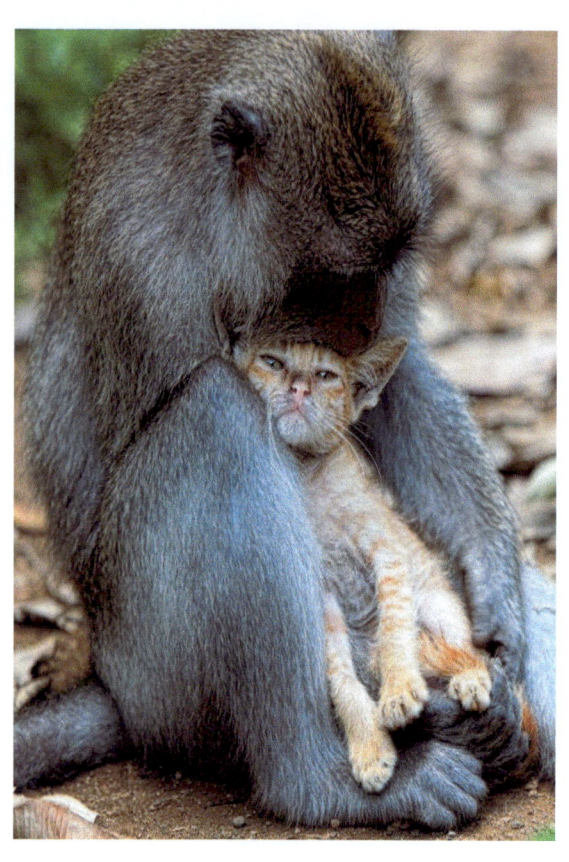

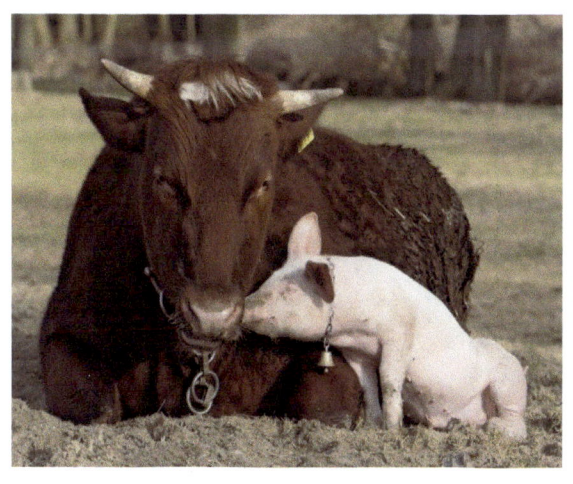

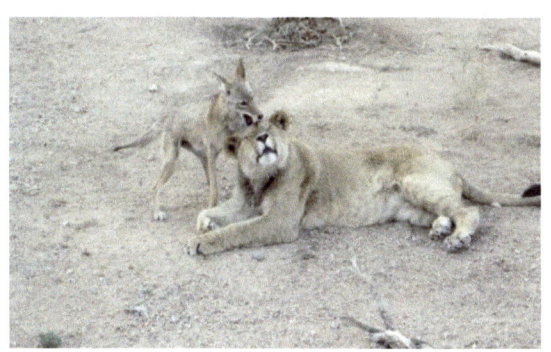

45

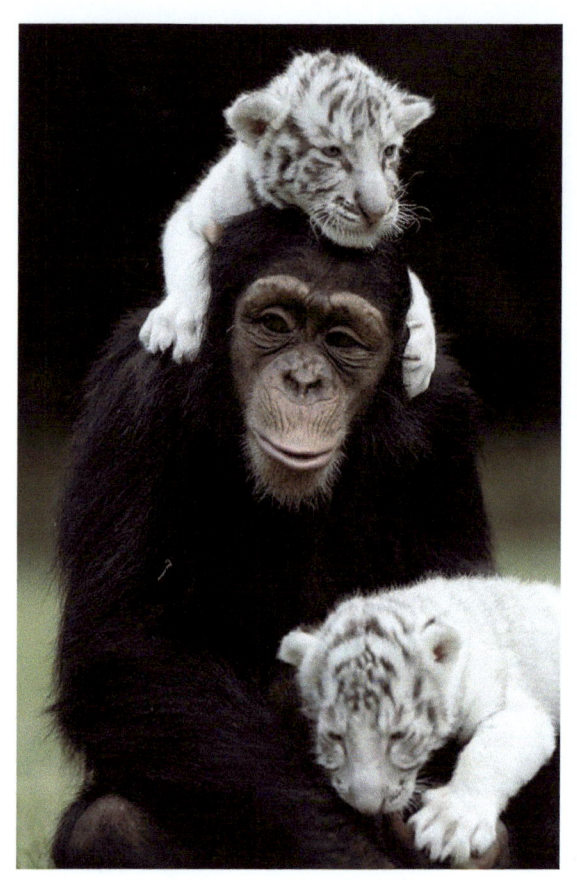

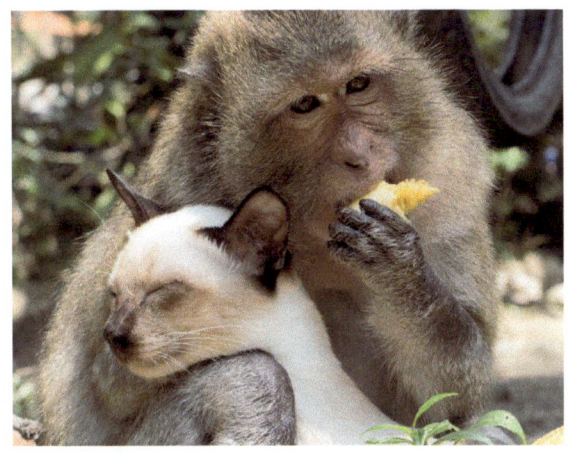

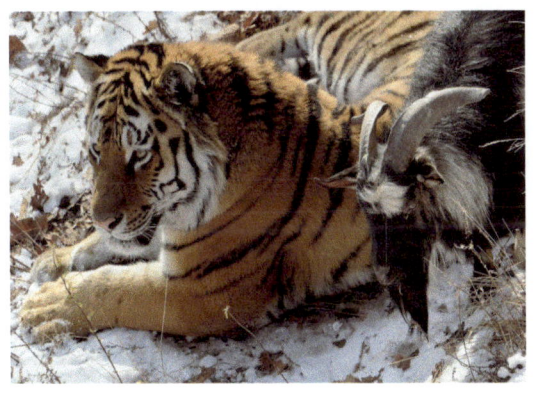

47

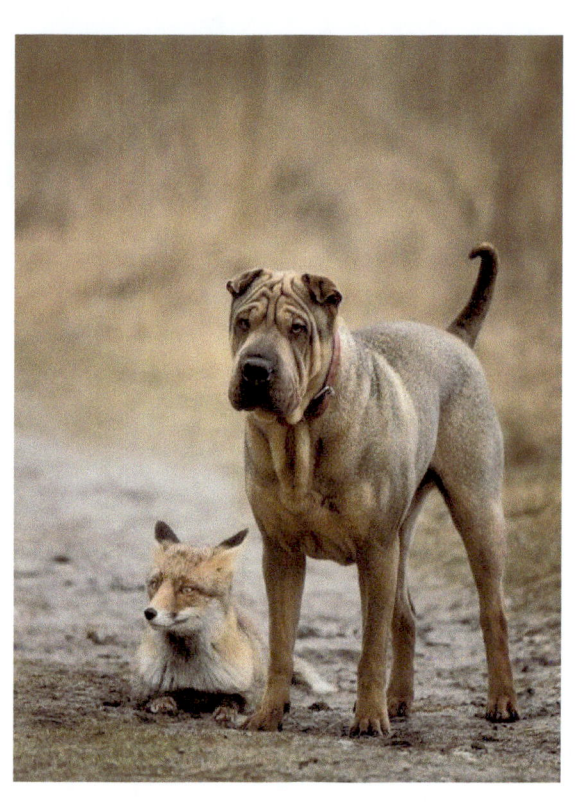

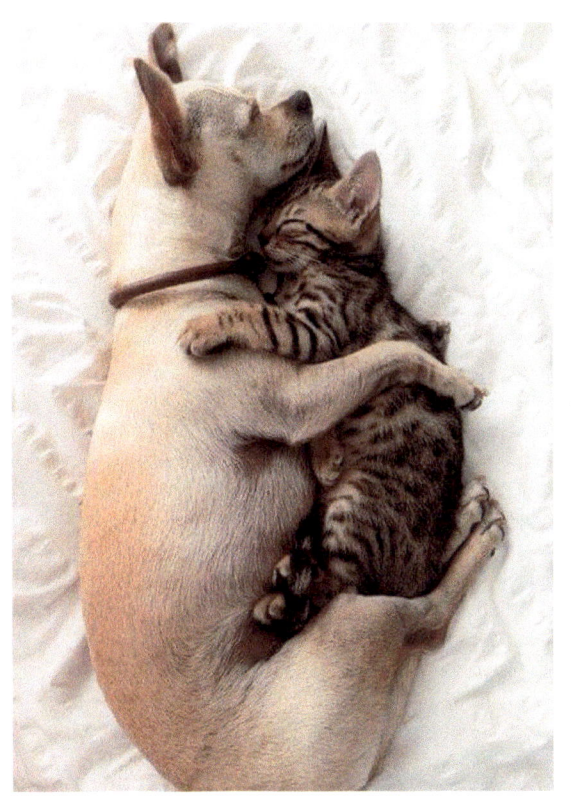

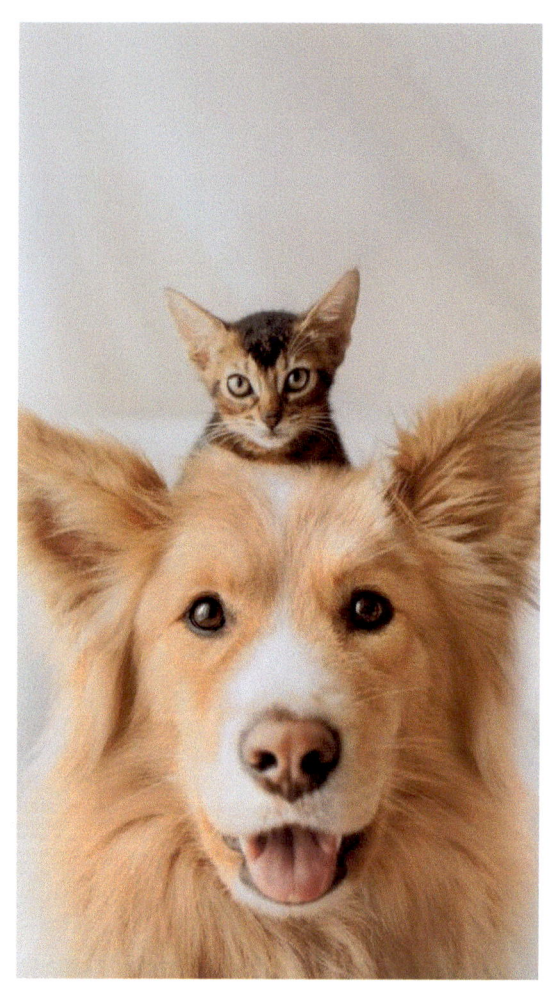

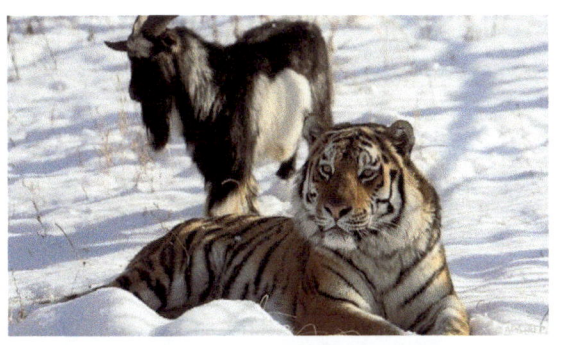

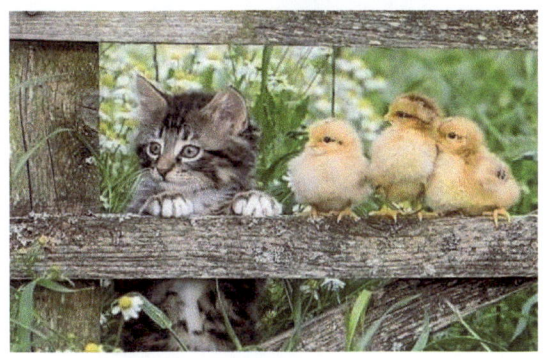

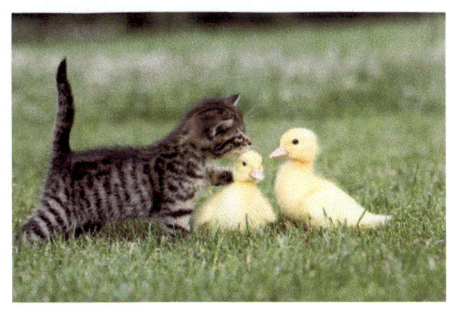

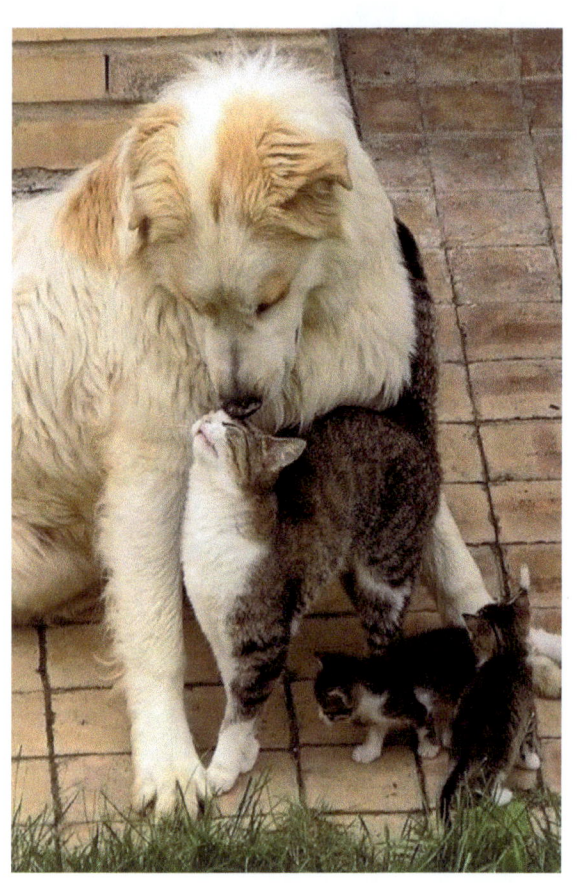

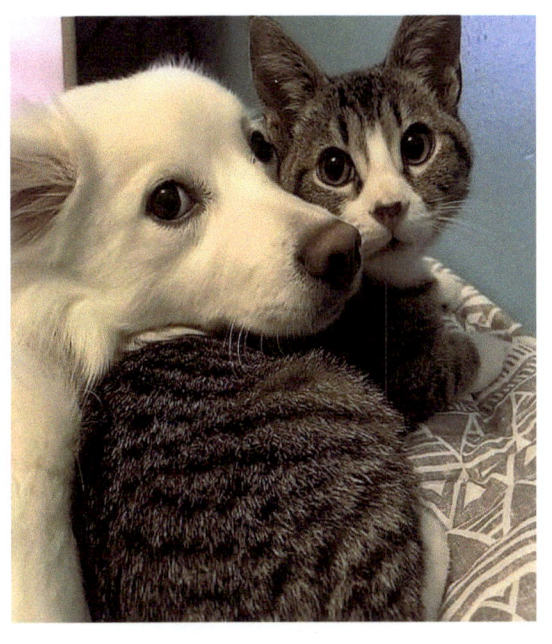

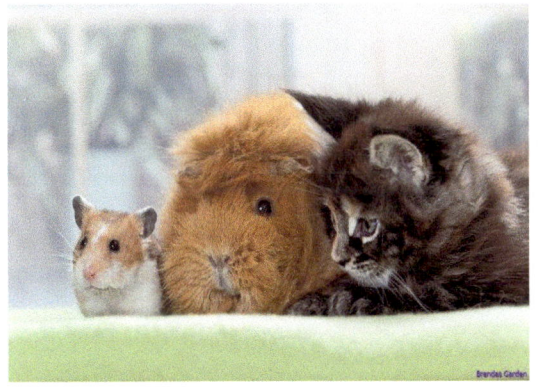

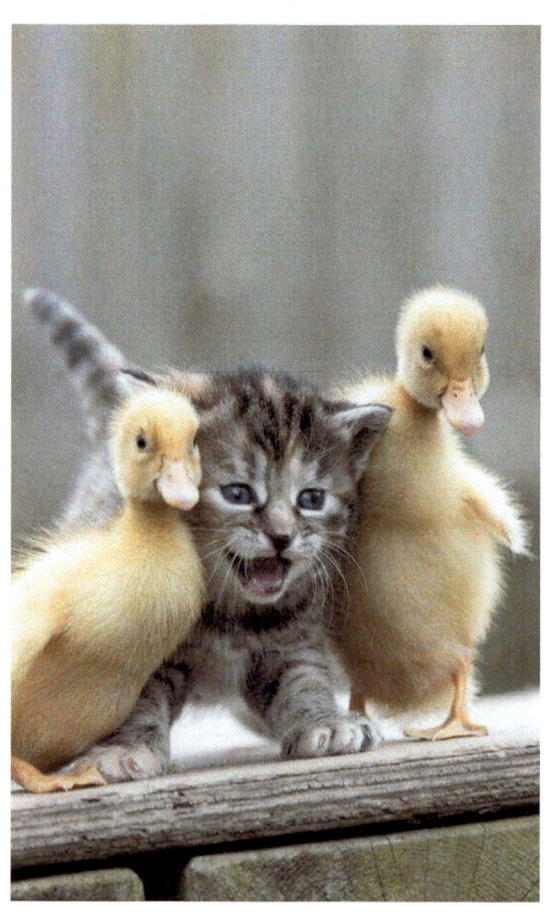

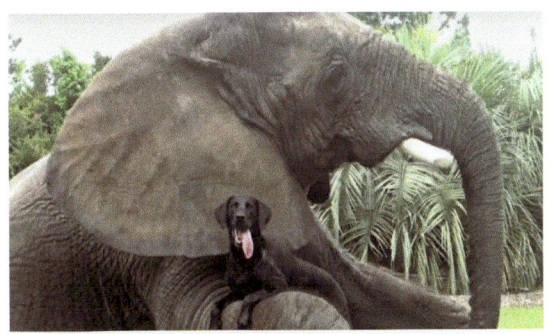

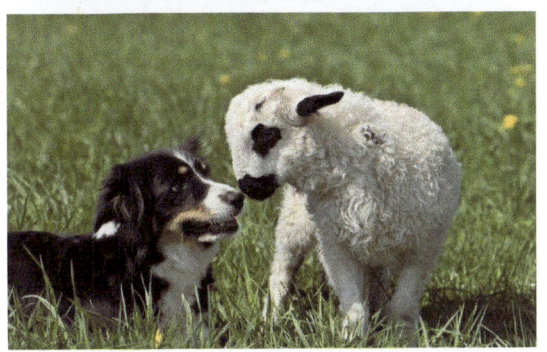

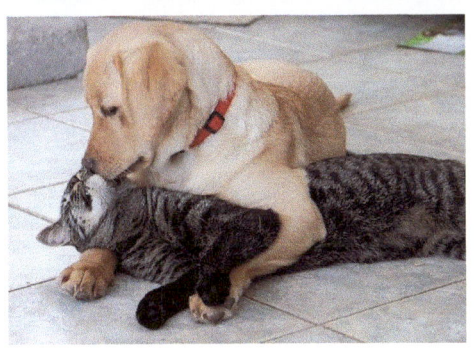

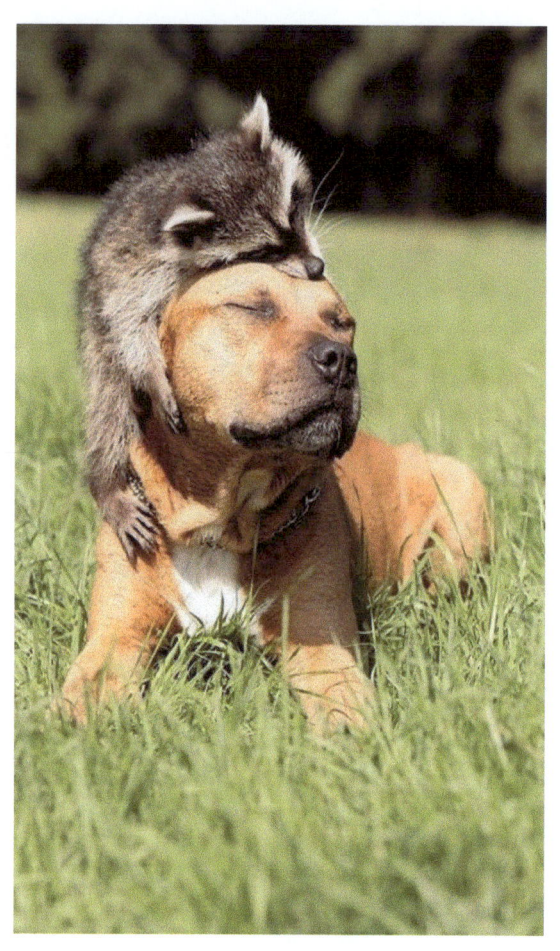

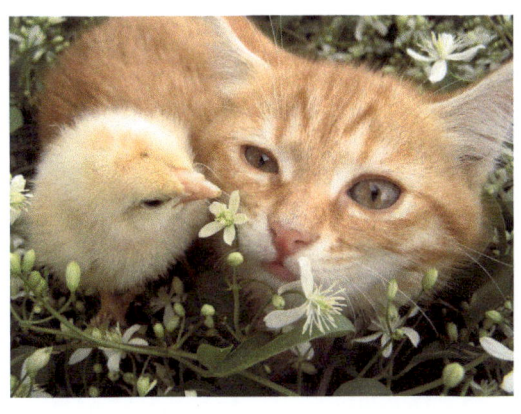

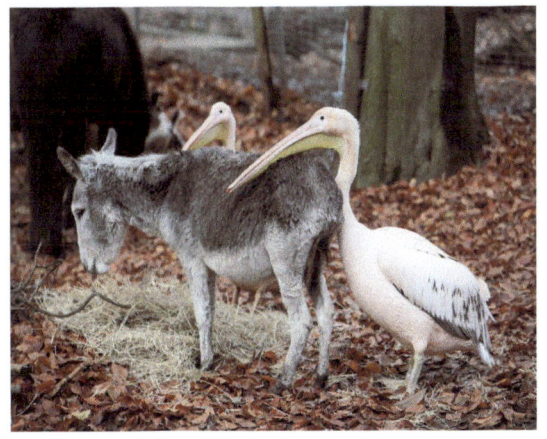

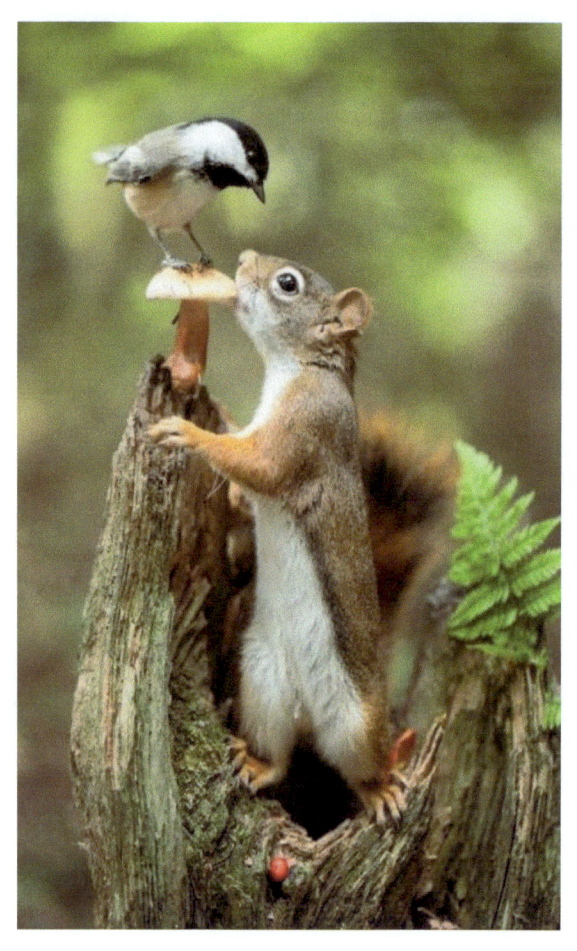

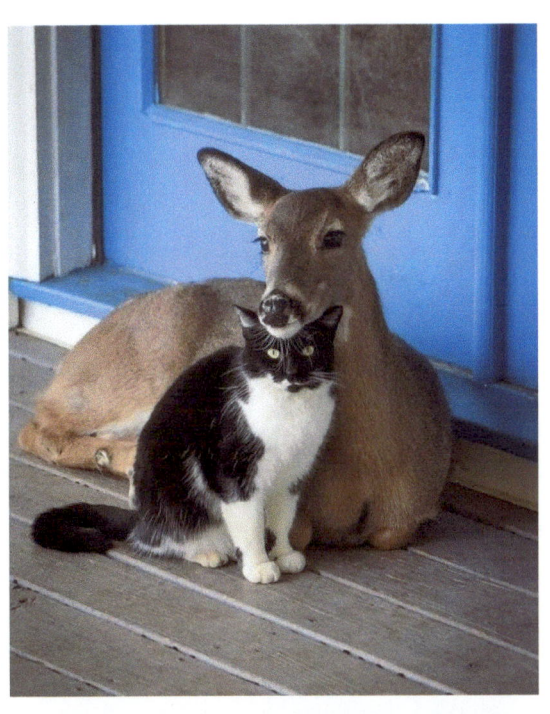

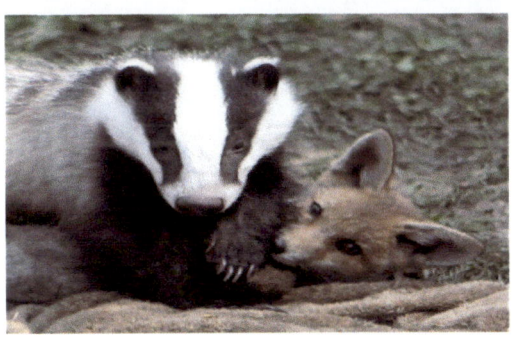

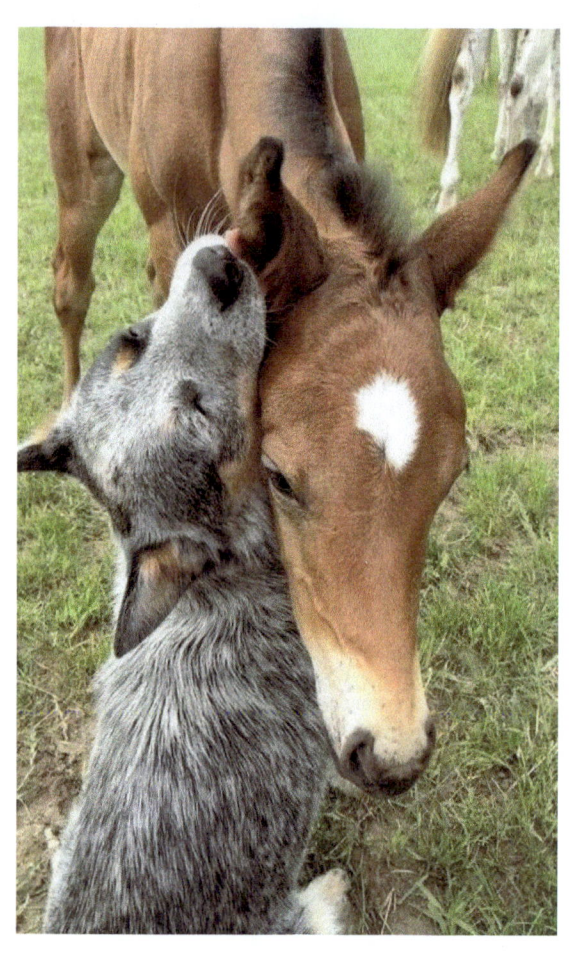

60 ENDE